Investigaciones

Calentar

Patricia Whitehouse

Traducción de
Paul Osborn

Heinemann Library
Chicago, Illinois

© 2004 Heinemann Library,
a division of Reed Elsevier Inc.
Chicago, Illinois

Customer Service 888-454-2279
Visit our website at www.heinemannlibrary.com

Designed by Sue Emerson, Heinemann Library; Page layout by Que-Net Media™
Printed and bound in China by South China Printing Company Limited.
Photo research by Janet Moran, Heinemann Library

08 07 06 05 04
10 9 8 7 6 5 4 3 2 1

Library of Congress Cataloging-in-Publication Data
Whitehouse, Patricia, 1958-
   [Heating. Spanish]
   Calentar / Patricia Whitehouse.
        p. cm. -- (Investigaciones)
Includes index.
Summary: Presents simple experiments which demonstrate states of matter
and how different materials change when heat is applied to them.
   ISBN 1-4034-5112-5 (HC), 1-4034-5117-6 (Pbk.)
   1. Heat--Experiments--Juvenile literature. 2.
Matter--Properties--Juvenile literature. [1. Heat--Experiments. 2.
Matter--Properties--Experiments. 3. Experiments.] I. Title.
   QC256.W4518 2004
   536--dc22

                                    2003056819

Acknowledgments
The author and publishers are grateful to the following for permission to reproduce copyright material:
Cover photograph by The Image Bank/Getty Images
pp. 4-8, 10-17, 23, back cover Robert Lifson/Heinemann Library; p. 9 Roy Morsch/Corbis; pp. 18-22, 24 Janet L. Moran/Oijoy Photography

Every effort has been made to contact copyright holders of any material reproduced in this book. Any omissions will be rectified in subsequent printings if notice is given to the publisher.

Special thanks to our bilingual
advisory panel for their help in the
preparation of this book:

Aurora Colón García
Literacy Specialist
Northside Independent School District
San Antonio, TX

Leah Radinsky
Bilingual Teacher
Inter-American Magnet School
Chicago, IL

Contenido

Unas palabras están en negrita, **así.**
Las encontrarás en el glosario en fotos de la página 23.

¿Qué es calentar?

Calentar es subir la temperatura.

Algunos lugares sirven para calentar.

Cuando algo se calienta, podría
tener una textura diferente.

O podría cambiar de forma.

¿Cómo cambian los líquidos cuando se calientan?

Echa un poco de caldo en una olla.

El caldo es un **líquido**.

Pide a un adulto que prenda
la estufa.

¿Cómo cambia el caldo cuando se calienta?

La estufa calienta la olla.

El caldo dentro de la olla se calienta también.

Cuando el caldo se pone muy caliente, **hierve**.

Cuando se calienta el caldo, un poco de agua del caldo se suspende sobre la olla.

Se convierte en vapor de agua.

¿Cómo cambian las cosas duras cuando se calientan?

Esta barra dura de mantequilla está en el refrigerador.

Es un **sólido**.

Pon la mantequilla en un sartén.

Pide a un adulto que prenda
la estufa.

¿Cómo cambia la mantequilla cuando se calienta?

La estufa calienta el sartén.

La mantequilla dentro del sartén se calienta también.

La mantequilla **se derrite** al calentarse.

Se convierte de **sólido** a **líquido**.

13

¿Cómo cambia la masa cuando se calienta?

Mezcla huevos, agua y harina preparada.

Esto forma una masa para pastel.

Echa la masa en un molde.

Pide a un adulto que prenda
el horno.

Pon el molde dentro del horno.

¿Qué pasa con la masa dentro del horno?

El horno calienta la masa.

La masa empieza a levantarse.

Después se endurece.

Al calentarse la masa, se convierte en pastel.

Ahora, está listo para comerse.

¿Cómo cambia el aire cuando se calienta?

Mira a través de una parrilla antes de que se caliente.

¿Qué ves?

Mira a través de una parrilla
después de que se ha calentado.

¿Qué le pasa al aire?

El aire por encima de la parrilla se calienta.

Parece ondulado.

El aire ondulado sube y se aleja de la parrilla.

Al calentarse, el aire se eleva.

Prueba

¿Qué le pasará a este tazón de helado si se pone bajo el calor del sol?

Busca la respuesta en la página 24.

Glosario en fotos

hervir
página 8
calentar un líquido hasta crear
burbujas

líquido
páginas 6, 13
sustancia que se puede vertir

derretir
página 13
convertir de un sólido a un líquido

sólido
páginas 10, 13
algo duro que tiene forma

Nota a padres y maestros

Leer para buscar información es un aspecto importante del desarrollo de la lectoescritura. El aprendizaje empieza con una pregunta. Si usted alienta a los niños a hacerse preguntas sobre el mundo que los rodea, los ayudará a verse como investigadores. Cada capítulo de este libro empieza con una pregunta. Lean la pregunta juntos, miren las fotos y traten de contestar la pregunta. Después, lean y comprueben si sus predicciones son correctas. Piensen en otras preguntas sobre el tema y comenten dónde pueden buscar la respuesta. Ayude a los niños a usar el glosario en fotos y el índice para practicar nuevas destrezas de vocabulario y de investigación.

! ¡PRECAUCIÓN!
Todo los experimentos se deben hacer con el permiso y la ayuda de un adulto.

Índice

Respuesta a la prueba
El sol calienta el helado.
El helado cambia de sólido a líquido.